COOKING FOR ONE

Illustrationen: Camilla Sopwith

Gesamtherstellung: KOMET MA-Service und
Verlagsgesellschaft mbH, Frechen

ISBN: 3-89836-183-7

COOKING FOR ONE

Inhalt

Einleitung

Für sich selbst zu kochen kann sehr entspannend sein und viel Spaß machen. So findet man Gelegenheit, mit Zutaten und Gewürzen zu experimentieren, ohne dabei unter dem Druck zu stehen, dass es den Gästen vielleicht nicht schmecken könnte. Außerdem kann man seine Lieblingsgerichte wirklich genießen.

Andererseits kann das Kochen für eine Person auch eine Herausforderung sein. Bei aufwändigeren Gerichten gibt man schneller auf, weil sie viel Zeit und vorbereitende Arbeit in Anspruch nehmen. Oder man neigt dazu, zu große Mengen zu kochen und steht dann vor dem Problem, was man mit den Resten anfangen soll.

Diese sorgfältig ausgewählte Rezeptsammlung bietet eine ideale Lösung dieser Probleme, da die Gerichte schnell und einfach zuzubereiten und doch reichhaltig, ausgewogen, oftmals luxuriös und vor allem sehr köstlich sind. Für viele der Rezepte benötigt man nur eine wenige Zutaten. Das Kochen wird noch dadurch vereinfacht, dass es sich vielfach um Zutaten handelt, die in jeder Küche vorhanden sind. Damit man sich auch nach einem arbeitsreichen Tag schnell eine kleine Gaumenfreude bereiten kann, sind einige Rezepte für die Zubereitung mit der Mikrowelle bestimmt.

Wählen Sie zwischen würzigen Snacks, herzhaften Suppen, knackigen und leichten Salaten, pikanten Pastagerichten und einfach zuzubereitenden Curries. Lassen Sie sich von Fischspießen, zartem gebratenem Hühnchen, gefülltem Schweinefleisch und Gemüserisotto verführen. Runden Sie Ihr persönliches Festmahl mit einem delikaten Dessert wie Carob-Birne, Ingwer-Banane mit Cointreau-Creme oder einem cremigen Milchreis ab. Guten Appetit!

Muschelsuppe

Eine schnelle Suppe aus frischen Muscheln und gemischtem Gemüse für mittags oder abends.

Vorbereitungszeit: 10 Minuten • Kochzeit: 20 Minuten • Für 1 Person

Zutaten

1 Schalotte, in dünne Scheiben geschnitten	*Salz und frisch gemahlener schwarzer Pfeffer*
1 kleine Kartoffel, in dünne Scheiben geschnitten	*6–8 frische Miesmuscheln in der Schale*
115 g TK-Gemüsemischung	*30 ml Crème double*
4 EL trockener Weißwein	*1 EL gehackte frische Petersilie*

Zubereitung

1

Schalotte und Kartoffel mit Gemüse, 125 ml Wasser, Wein und Salz und Pfeffer in einen Topf geben und verrühren.

2

Abdecken, aufkochen lassen, Temperatur reduzieren und 15 Minuten unter gelegentlichem Rühren köcheln lassen, bis das Gemüse zart ist.

3

In der Zwischenzeit die Muscheln leicht auf eine Fläche klopfen und alle wegwerfen, die sich nicht schließen. Muscheln entbarten und unter kaltem Wasser abspülen.

4

Muscheln in einen Topf mit sprudelndem Wasser geben und einige Minuten kochen, bis sie sich öffnen. Alle ungeöffneten unbedingt wegwerfen.

5

Muscheln zur Gemüsesuppe geben und 5 Minuten köcheln lassen.

6

Abschmecken, Crème double und Petersilie einrühren und sofort servieren.

Serviervorschlag

Reichen Sie dazu frisches Krustenbrot oder Brötchen.

Abwandlungen

Nehmen Sie frisches gemischtes Gemüse an Stelle des tiefgefrorenen. Ersetzen Sie das Wasser durch Brühe. Nehmen Sie frisches Basilikum oder Koriander statt der Petersilie.

Gefüllte Tomate

In diesem einfachen Rezept wird die reife Tomate auf köstliche Weise durch eine cremige Käse-Sardellen-Füllung verfeinert.

Vorbereitungszeit: 15 Minuten + Kühlzeit • Für 1 Person

Zutaten

1 Fleischtomate	*25 g Camembert- oder Briekäse ohne Rinde*
1 Sardellenfilet	*1/2 TL Kümmelkörner*
1 TL Kapern, abgetropft	*Salz und frisch gemahlener schwarzer Pfeffer*
1 Frühlingszwiebel	*grüner Salat, zum Garnieren*

Zubereitung

1

Einen »Deckel« von Oberseite der Tomate abschneiden und auf die Seite stellen. Weiches Fleisch und Kerne vorsichtig auslösen. Kerne aussieben und Fleisch und Saft für die Füllung aufbewahren.

2

Sardellenfilet, Kapern und Frühlingszwiebel fein hacken und auf die Seite stellen.

3

Käse in einer Schüssel mit einer Gabel zerdrücken.

4

Sardellenfilet, Kapern, Frühlingszwiebel, Kümmel und Tomatenfleisch und -saft einrühren. Gründlich vermischen und mit Salz und Pfeffer abschmecken.

5

Käsefüllung sorgfältig in die ausgehöhlte Tomate füllen und auf einen Teller setzen.

6

Den Deckel wieder aufsetzen und gekühlt auf einem Salatbett servieren.

Serviervorschlag

Reichen Sie dazu eine Vinaigrette und Vollkornbrot oder Brötchen.

Abwandlungen

Verwenden Sie Frischkäse an Stelle von Camembert oder Brie oder als fettarme Alternative Hüttenkäse. Ersetzen Sie die Kümmelkörner durch Sesam- oder Mohnkörner.

Tipps des Küchenchefs

Das Sardellenfilet wird weniger salzig, wenn man es 5 Minuten in etwas Milch einlegt. Schneiden Sie die Mitte der Tomate mit einem Grapefruitmesser oder einem Messer mit Sägezahnung aus.

Gemüse-Schinken-Taschen

Diese knusprig-leichten Leckerbissen sind ein willkommener Snack zu jeder Tageszeit. Sie bieten eine gute Möglichkeit, übrig gebliebenes Gemüse aufzubrauchen.

Vorbereitungszeit: 20 Minuten • Kochzeit: 20 Minuten • Für 1 Person

Zutaten

1 TL Pflanzenöl

1 Scheibe durchwachsener Schinkenspeck, gewürfelt

115 g gekochtes Gemüse, z. B. Grünkohl, Erbsen, Bohnen, Bohnensprossen oder Kartoffeln

85 g Blätterteig

geschlagenes Eigelb oder Milch, zum Glasieren

frische Kräuter, zum Garnieren

Zubereitung

1

Öl in einer Bratpfanne erhitzen und den Speck unter Rühren anbräunen. Gemüse zugeben und durchrühren.

2

Teig auf einer leicht bemehlten Fläche ausrollen. Mit einem gewellten Plätzchenausstecher runde Scheiben ausstechen.

3

Etwas Füllung auf eine Hälfte jeder Scheibe geben, dabei die Füllung gleichmäßig auf alle Scheiben verteilen.

4

Teigränder mit Wasser befeuchten. Teig über die Füllung schlagen und die Ränder fest andrücken.

5

Taschen zum Glasieren mit etwas Milch oder Eigelb bestreichen.

6

Auf ein Backblech legen und 20 Minuten im vorgeheizten Backofen bei 200 °C (Gasherd: Stufe 6) goldbraun backen. Heiß oder kalt mit frischen Kräutern garniert servieren.

Serviervorschlag

Reichen Sie dazu einen gemischten Blatt- oder Krautsalat.

Abwandlungen

Nehmen Sie geräucherten Speck oder Hühnerfleisch statt des ungeräucherten Specks. Verwenden Sie Mürbeteig an Stelle des Blätterteigs. Geben Sie 1–2 TL gehackte frische Kräuter wie Koriander oder Schnittlauch zur Füllung.

Tipp des Küchenchefs

Vegetarier können den Speck durch gewürfelten Cheddarkäse oder zusätzliches Gemüse ersetzen.

Taramas

Diese bekannte griechische Vorspeise ist leicht zuzubereiten und schmeckt selbst gemacht am besten.

Vorbereitungszeit: 20–25 Minuten + Kühlzeit • Für 1 Person

Zutaten

40 g geräucherter deutscher Kaviar (Dorschrogen)

2 kleine Scheiben Weißbrot ohne Kruste

2 TL Zitronensaft

1/2 kleine Zwiebel, fein gehackt

2 EL Olivenöl

schwarze Oliven und gehackte frische Petersilie, zum Garnieren

Zubereitung

1
Rogen halbieren und in die Mitte einer Schüssel schaben. Haut wegwerfen.

2
Brot in einer Schüssel mit warmem Wasser bedecken. 10 Minuten einweichen, dann Wasser gründlich ausdrücken. Brot in die Schüssel zum Rogen geben.

3
Zitronensaft angießen und sorgfältig verrühren.

4
Mischung mit Zwiebel in einen Mixer geben und zu einer glatten Paste pürieren.

5
Paste in eine Schüssel geben und nach und nach Öl einrühren, wie für eine Mayonnaise. Die Mischung zwischen den Zugaben mit einem Schneebesen oder einem Holzlöffel gründlich durchrühren.

6
Abdecken und vor dem Servieren mindestens 30 Minuten kalt stellen.

7
Taramas in eine kleine Servierschüssel füllen und mit Oliven und Petersilie garniert servieren.

Serviervorschlag

Reichen Sie dazu in Riegel geschnittenes warmes Pitabrot oder Toast.

Abwandlungen

Nehmen Sie Grau- oder Vollkornbrot. Ersetzen Sie die Zwiebel durch eine Schalotte. Nehmen Sie Limettensaft statt Zitronensaft.

Tipp des Küchenchefs

Bereiten Sie das Taramas im Voraus vor, aber nehmen Sie es 20 Minuten vor dem Servieren aus dem Kühlschrank.

Pikante Hühnerbeine

Ein Rezept nach indischen Tandoori-Stil, das Würze in den Alltag bringt!

Vorbereitungszeit: 15 Minuten + Marinierzeit • Kochzeit: 30 Minuten • Für 1 Person

Zutaten

2 Hühnerbeine

Saft von 1/2 Zitrone

1 große Knoblauchzehe, zerdrückt

1 kleines Stück Ingwerwurzel, geschält und fein gehackt

eine großzügige Prise geriebener Kreuzkümmel

1/2 TL Paprikapulver

1/2 TL gemahlener Koriander

3 EL Naturjoghurt

eine Prise Chilipulver oder Cayennepfeffer

Zitronenscheiben, zum Garnieren

Zubereitung

1

Hühnerbeine mit Küchenpapier abwischen und mehrfach mit einem scharfen Messer einschneiden.

2

Mit der Hälfte des Zitronensafts beträufeln und in eine flache Form legen.

3

Die übrigen Zutaten bis auf die Zitronenscheiben in einer kleinen Schüssel vermischen und die Mischung gleichmäßig auf den Hühnerbeinen verstreichen. Form abdecken und über Nacht im Kühlschrank marinieren lassen.

4

Hühnerbeine in eine mit Alufolie ausgeschlagene Backform geben und unabgedeckt 20 Minuten im vorgeheizten Backofen bei 200 °C (Gasherd: Stufe 6) backen. Nach der Hälfte der Backzeit wenden.

5

Hühnchen mit Marinade bestreichen und 10 Minuten unter regelmäßigem Wenden und Bestreichen kräftig braun grillen. Heiß oder kalt mit Zitronenscheiben garniert servieren.

Serviervorschlag

Reichen Sie dazu einen gemischten Blattsalat oder knuspriges Baguette.

Abwandlungen

Eine authentische Färbung erreicht man mit Lebensmittelfarbe in der Marinade. Geben Sie für mehr Schärfe zusätzliches Chilipulver oder Senföl hinzu.

Tipps des Küchenchefs

An Stelle der Hühnerbeine kann man auch kleine Hühnchenschenkel verwenden. Das Fleisch sollte wirklich gar auf den Tisch kommen – beim Anstechen der dicksten Stelle sollte klarer Saft austreten.

Fischsuppe

Genießen Sie diese Suppe als schlichtes Vorgericht.

Vorbereitungszeit: 15 Minuten • Kochzeit: 10 Minuten • Für 1 Person

Zutaten

1 TL Olivenöl

1 kleine Zwiebel, fein gehackt

1 Knoblauchzehe, zerdrückt

1 Tomate, gehäutet und gehackt

150 ml Gemüse- oder Fischbrühe

eine Prise Zucker

eine Prise Safran

4–6 frische Miesmuscheln

115 g Fischfilet (z. B. Kabeljau oder Lachs) ohne Haut, gewürfelt

frische glatte Petersilie, zum Garnieren

Zubereitung

1
Öl in einer Pfanne erhitzen und Zwiebel und Knoblauch 3 Minuten unter Rühren andünsten.

2
Tomate, Brühe, Zucker und Safran zugeben und verrühren. Abdecken und aufkochen lassen.

3
In der Zwischenzeit die Muscheln leicht auf eine Fläche klopfen und alle wegwerfen, die sich nicht schließen. Muscheln entbarten und unter kaltem Wasser abspülen.

4
Muscheln in einen Topf mit sprudelndem Wasser geben und einige Minuten kochen, bis sie sich öffnen. Alle ungeöffneten wegwerfen.

5
Die Muscheln und den Fisch in die Pfanne geben.

6
Wieder aufkochen lassen, Temperatur reduzieren. 5 Minuten köcheln lassen, bis der Fisch gerade gar ist.

7
Mit gehackter Petersilie bestreuen und sofort servieren.

Serviervorschlag

Reichen Sie dazu Knoblauch- oder Kräutercroûtons.

Abwandlungen

Ersetzen Sie die Zwiebel durch eine Schalotte. Verwenden Sie eine fein gehackte Zucchini an Stelle der Tomate.

Quiche Lorraine

Ein sättigender und köstlicher Klassiker – ideal als leichte Zwischenmahlzeit.

Vorbereitungszeit: 35 Minuten • Kochzeit: 20–30 Minuten • Für 1 Person

Zutaten

55 g Mehl
Salz
25 g kalte Butter
1 Scheibe durchwachsener Speck, gewürfelt
55 g Schalotten, gehackt oder in Scheiben geschnitten
2 TL trockener Weißwein
frisch gemahlener schwarzer Pfeffer
2 TL geschlagenes Eigelb, zum Glasieren
1 kleines Ei
50 ml Milch
50 ml Kaffeesahne
frische Kräuter, zum Garnieren

Zubereitung

1
Mehl für den Teig in eine kleine Schüssel sieben. Mit Butter fein krümelig verreiben.

2
Mit genug kaltem Wasser zu einem geschmeidigen Teig verarbeiten. In Frischhaltefolie einschlagen. 30 Minuten kalt stellen.

3
In der Zwischenzeit Speck, Schalotten, Wein, Salz und Pfeffer in einem Topf zum Kochen bringen und 20 Minuten unter gelegentlichem Rühren sanft köcheln lassen.

4
Teig auf einer leicht bemehlten Fläche ausrollen und eine kleine Kuchenform damit ausschlagen.

5
Die Teigränder wellig zuschneiden, dann mit Ei glasieren.

6
Die Zwiebelmischung in die Teigform geben.

7
Ei, Milch, Sahne und etwas Pfeffer in einer Schüssel verschlagen.

8
Mischung gleichmäßig über die Zwiebeln verteilen und 20–30 Minuten im vorgeheizten Backofen bei 190 °C (Gasherd: Stufe 5) goldbraun überbacken. Heiß oder kalt mit frischen Kräutern garniert servieren.

Serviervorschlag

Reichen Sie dazu einen gemischten grünen Salat oder einen Tomaten-Paprika-Salat.

Abwandlungen

Ersetzen Sie den Speck durch eine Scheibe Putenbrust. Verwenden Sie Frühlingszwiebeln oder eine rote Zwiebel an Stelle der Schalotten. Nehmen Sie je zur Hälfte Weizen- und Vollkornmehl.

Champagner-Krabben

Diese schnell zubereitete Vorspeise wird mit Champagner aufgepeppt.

Vorbereitungszeit: 5 Minuten • Kochzeit: 2–3 Minuten (Mikrowelle auf hoher Leistung) • Für 1 Person

Zutaten

Saft und fein geriebene Schale von 1/2 Orange

1 TL grüne Pfefferkörner in Lake, abgespült

3 EL trockener Champagner

Salz und frisch gemahlener schwarzer Pfeffer, nach Geschmack

150 g gekochte geschälte Krabben

3 EL Crème double

frische Orangenscheiben, zum Garnieren

Zubereitung

1

Orangensaft und -schale, Pfefferkörner, Champagner sowie Salz und Pfeffer in eine mikrowellengeeignete Schüssel geben und 30 Sekunden bei hoher Leistung erhitzen.

2

Die Krabben einrühren und 1 Minute bei hoher Leistung erhitzen.

3

Crème double leicht aufschlagen, unter die Krabbenmischung ziehen und 30–60 Sekunden bei hoher Leistung erhitzen.

4

Abschmecken und mit Orangenscheiben garniert servieren.

Serviervorschlag

Reichen Sie dazu leicht gebuttertes Vollkornbrot.

Abwandlungen

Verwenden Sie gekochte, geschälte Miesmuscheln an Stelle der Krabben. Nehmen Sie Rotwein oder Apfelsaft statt des Champagners. Ersetzen Sie die Orange durch eine Zitrone.

Tipps des Küchenchefs

Dieses Gericht kann auch kalt serviert werden. Lassen Sie die Weinmischung abkühlen, bevor Sie Krabben und Crème double unterziehen. Eingelegte grüne Pfefferkörner erhält man in Supermärkten und Feinkostgeschäften. Dort bekommt man auch getrocknete und frische grüne Pfefferkörner.

Hummersuppe mit Krabben

Eine schöne Art, eine Konservensuppe aufzuwerten, wenn es einmal schnell gehen soll.

Vorbereitungszeit: 5 Minuten • Kochzeit: 5 Minuten • Für 1 Person

Zutaten

300 g-Dose Hummersuppe	*100 g gekochte geschälte Krabben*
1 EL Crème double	*ein Spritzer Cognac*
2 TL gehackter frischer Dill	*frische Dillzweige, zum Garnieren*

Zubereitung

1

Die Suppe in einen Topf geben und Crème double einrühren.

2

Unter gelegentlichem Rühren sanft erhitzen, aber nicht kochen.

3

Dill und Krabben einrühren und sanft erhitzen. Cognac einrühren.

4

In eine vorgewärmte Suppenschale füllen, mit frischem Dill garnieren und sofort servieren.

Serviervorschlag

Reichen Sie dazu warmes Ciabattabrot oder Toast Melba.

Abwandlungen

Nehmen Sie gekochtes und zerkleinertes Krebs- oder Lachsfleisch statt der Krabben. Verwenden Sie frische Petersilie oder Koriander an Stelle des Dills.

Tipp des Küchenchefs

Greifen Sie zum Schälen der Krabben den Schwanz mit der einen Hand und den Kopf mit der anderen; ziehen Sie den Panzer vorsichtig auseinander.

Calamares-Salat

Bringen Sie mit diesem saftigen Salat die Aromen des Mittelmeers auf den Tisch.

Vorbereitungszeit: 20 Minuten • Kochzeit: 3–5 Minuten • Für 1 Person

Zutaten

2 TL Sonnenblumenöl

115 g verzehrfertige Kalmare, Mäntel in Ringe und Fangarme in Stücke geschnitten

1/4 TL zerdrückter Knoblauch

Saft von 1/2 Zitrone

1/2 TL Senf

Salz und frisch gemahlener schwarzer Pfeffer, nach Geschmack

2 EL Olivenöl

1 Eiertomate

1/2 kleine rote Zwiebel

25 g schwarze oder grüne Oliven

frische glatte Petersilie, 1 Zitronenscheibe, zum Garnieren

Zubereitung

1
Pflanzenöl in einem Wok oder einer großen Pfanne erhitzen. Kalmare 3–5 Minuten pfannenrühren, bis sie gar sind.

2
Vom Herd nehmen und zum Abkühlen auf einem Teller auf die Seite stellen.

3
Für das Dressing Knoblauch, Zitronensaft, Senf und Salz und Pfeffer in einer Schüssel vermischen.

4
Olivenöl zugeben und gut verschlagen.

5
Warme Kalmare zugeben und durchheben. Einige Minuten zum Marinieren auf die Seite stellen.

6
Tomate kurz in kochendes Wasser tauchen; in kaltem Wasser abschrecken. Abtropfen lassen, schälen und vierteln. Zwiebel dünn aufschneiden.

7
Tomate und Zwiebel zu den Kalmaren geben und mit Oliven, frischer Petersilie und einer Zitronenscheibe garniert servieren.

Abwandlungen

Nehmen Sie rohe geschälte Riesengarnelen statt der Kalmare. Verwenden Sie fein geriebene Ingwerwurzel an Stelle des Knoblauchs.

Krautsalat mit Minze

Ein frischer, mit Joghurt angemachter Salat mit dem zarten Biss frischen Chilis.

Vorbereitungszeit: 10 Minuten • Für 1 Person

Zutaten

85 g Weißkohl	*1 EL fester Naturjoghurt*
1 Schalotte, fein gehackt	*1/2 TL Minzsauce*
1/2 kleine frische grüne Chilischote, fein gehackt	*frische Kräuter, zum Garnieren*

Zubereitung

1

Kohl auf der Gemüsemandoline grob reiben und in eine Rührschüssel geben.

2

Übrige Zutaten mit Ausnahme der frischen Kräutern zugeben und gründlich vermischen.

3

Salat in eine kleine Schüssel geben, abdecken und vor dem Servieren kalt stellen. Mit frischen Kräutern garniert servieren.

Serviervorschlag

Reichen Sie den Salat mit indischem Naanbrot oder als Beilage zu Fleisch- oder Geflügelcurry.

Abwandlungen

Verwenden Sie Rot- oder Grünkohl an Stelle des Weißkohls. Ersetzen Sie den Joghurt durch Mayonnaise. Nehmen Sie Karotten oder Zucchini statt Kohl.

Tipps des Küchenchefs

Sie können den Kohl auch in der Küchenmaschine reiben. Entfernen Sie für einen milderen Geschmack die Kerne der Chilischote.

Karottensalat mit Birne und Putenstreifen

Dieser schlichte Salat bietet eine leckere Kombination aus Obst, Gemüse und gebratenem Putenfleisch.

Vorbereitungszeit: 10 Minuten • Für 1 Person

Zutaten

1 Karotte

2 Chinakohlblätter

1 reife Birne

1 große Scheibe gebratenes Putenfleisch, in dünne Streifen geschnitten

Für das Dressing:

Saft von 1/2 Zitrone

1/2 TL Honig

eine Prise Cayennepfeffer

1 TL Sojasauce

5 TL Sojaöl

Zubereitung

1

Karotte grob reiben und auf die Seite stellen. Chinakohl in dünne Streifen schneiden und auf die Seite stellen.

2

Alle Zutaten in einer Schüssel gründlich verschlagen. Auf die Seite stellen.

3

Birne entkernen und in dünne Scheiben schneiden. Einige Scheiben zum Garnieren zurückbehalten, den Rest zum Dressing geben. Dann vermischen.

4

Karotte, Kohl und Putenfleisch zugeben und gründlich durchheben.

5

Sofort mit Birnenscheiben garniert servieren.

Serviervorschlag

Reichen Sie dazu frisches Krustenbrot, warmes Pitabrot oder gebackene Kartoffeln.

Abwandlungen

Ersetzen Sie die Karotte durch eine Zucchini. Nehmen Sie einen Apfel oder einen Pfirsich statt der Birne. Verwenden Sie Walnuss- oder Haselnussöl an Stelle des Sojaöls.

Tomaten-Gurken-Salat

Traditionelle Salatzutaten, die durch die gerösteten Erdnüsse an Geschmack und Textur gewinnen.

Vorbereitungszeit: 10 Minuten • Für 1 Person

Zutaten

40 g Salatgurke	*1 TL Olivenöl*
1 Tomate	*Salz und frisch gemahlener schwarzer Pfeffer, nach Geschmack*
2 Frühlingszwiebeln, grob gehackt	*1 TL gehackte frische Korianderblätter*
1 TL Zitronensaft	*15 g geröstete gesalzene Erdnüsse, zerstoßen*

Zubereitung

1
Gurke schälen und klein würfeln.

2
Tomate klein würfeln.

3
Gurke, Tomate und Frühlingszwiebeln in einer Schüssel auf die Seite stellen.

4
In einer zweiten Schüssel Zitronensaft, Öl, Salz und Pfeffer vermischen und auf die Seite stellen.

5
Salat kurz vor dem Servieren mit Erdnüssen und Dressing durchheben. Sofort servieren.

Serviervorschlag

Reichen Sie den Salat zu gegrilltem Fleisch, Geflügel, Fisch oder Gemüse.

Abwandlungen

Lassen Sie den Zitronensaft weg und nehmen Sie 1 Esslöffel Naturjoghurt. Verwenden Sie gehackte frische Petersilie oder Estragon an Stelle des Korianders.

Tipp des Küchenchefs

Gelbe oder Eiertomaten passen ebenfalls gut in dieses Rezept.

Radieschensalat

Reichen Sie diesen erfrischenden Salat als Beilage zu einem leichten sommerlichen Essen.

Vorbereitungszeit: 15 Minuten + Kühlzeit • Für 1 Person

Zutaten

1 Bund Radieschen

1/2 kleine Zwiebel

1 Tomate

2 TL Olivenöl

2 TL Zitronensaft

Salz und frisch gemahlener schwarzer Pfeffer, nach Geschmack

1 TL gehackte frische Petersilie

Zubereitung

1

Radieschen und Zwiebel in dünne Scheiben schneiden.

2

Die Tomate häuten in Scheiben schneiden.

3

Das Gemüse attraktiv auf einem Teller anrichten.

4

Öl, Zitronensaft sowie Salz und Pfeffer in ein sauberes Schraubglas geben und zum Mischen gründlich schütteln.

5

Das Dressing über die Gemüse geben.

6

Vor dem Servieren mit gehackter Petersilie bestreuen und kalt stellen.

Serviervorschlag

Reichen Sie den Salat zu einer Quiche, einer herzhaften Pastete oder mit Käse überbackenen Kartoffeln.

Abwandlungen

Ersetzen Sie den Zitronensaft durch Rotweinessig. An Stelle der Radieschen kann man auch Mooli (weißen Rettich) verwenden. Nehmen Sie gehacktes frisches Basilikum oder Koriander statt der Petersilie. Verwenden Sie Haselnussöl an Stelle des Olivenöls.

Fischkebabs mit Zucchini und Zitrone

Eine aufregend andere Art, Fisch zu servieren.

Vorbereitungszeit: 15 Minuten + Kühlzeit • Kochzeit: 8 Minuten • Für 1 Person

Zutaten

4 kleine oder 2 große dünne Seezungenfilets, gehäutet und längs halbiert

1 EL Olivenöl

1/4 TL zerdrückter Knoblauch

2 TL Zitronensaft

1/4 TL fein abgeriebene Zitronenschale

frisch gemahlenes Meersalz und schwarzer Pfeffer, nach Geschmack

ein Spritzer Tabascosauce

1 Zucchini, in 5 mm dicke Scheiben geschnitten

1/2 grüne Paprikaschote, halbiert, entkernt und in 2,5 cm große Stücke geschnitten

Zitronenscheiben, gehackte frische Petersilie, zum Garnieren

Zubereitung

1

Fischfilets einrollen und mit einem Zahnstocher fest stecken.

2

Filets in eine flache Form geben. Öl, Knoblauch, Zitronensaft und -schale, Salz, Pfeffer und Tabasco verrühren.

3

Marinade gleichmäßig über die Filets verteilen. Abdecken und 2 Stunden kalt stellen.

4

Zahnstocher entfernen. Filets abwechselnd mit Zucchinischeiben und Paprikastücken auf 1 oder 2 Fleischspieße fädeln.

5

Kebabs mit ein wenig Marinade bestreichen.

6

Kebabs 8 Minuten unter dem vorgeheizten Backofengrill grillen. Dabei ein bis zwei Mal wenden und mit Marinade bestreichen. Mit Zitronenscheiben und Petersilie garniert servieren.

Serviervorschlag

Servieren Sie die Kebabs auf einem Bett aus braunem Reis und mit einem gemischten Blattsalat.

Abwandlungen

Die Seezunge kann auch durch Flunder oder Scholle ersetzt werden. Verwenden Sie rote oder gelbe Paprika an Stelle der grünen. Nehmen Sie geriebenen frischen Ingwer statt des Knoblauchs.

Tipp des Küchenchefs

Die Marinade passt auch hervorragend zu anderem Fisch.

Kabeljau auf Tomatenscheiben

Ein leichtes und köstliches Fischgericht, das Sie schnell und einfach zubereiten können.

Vorbereitungszeit: 10 Minuten • Kochzeit: 15 Minuten • Für 1 Person

Zutaten

1 Fleischtomate

200 g Kabeljaufilet

Salz und frisch gemahlener schwarzer Pfeffer

fein geriebene Schale von 1 kleinen Zitrone

20 g Butter

1/2 TL getrockneter Thymian

einige Tropfen Zitronensaft

1 Zitronenscheibe

frische Thymianzweige, zum Garnieren

Zubereitung

1

Tomate in dünne Scheiben schneiden und in eine feuerfeste Form geben.

2

Fisch abwaschen und mit Küchenpapier trocken tupfen. Auf die Tomatenscheiben geben. Mit Salz und Pfeffer abschmecken und mit Zitronenschale bestreuen.

3

Abdecken und 15 Minuten im vorgeheizten Backofen bei 200 °C (Gasherd: Stufe 6) garen.

4

Fisch mit Butterflocken besetzen. Thymian darüber geben und mit Zitronensaft beträufeln.

5

Mit Zitronenscheibe und frischem Thymian garniert servieren.

Serviervorschlag

Servieren Sie den Fisch zu gebackenen Kartoffeln oder gekochtem Reis mit frischem Gemüse wie grünen Bohnen und Baby-Karotten.

Abwandlungen

Verwenden Sie Schellfisch oder Lachs an Stelle des Kabeljaus. Ersetzen Sie Thymian durch Salbei.

Pasta mit Meeresfrüchten

Eine hinreißende Kombination aus gemischten Meeresfrüchten und Nudeln, überbacken mit einer knusprigen Käsemischung.

Vorbereitungszeit: 20 Minuten • Kochzeit: 30 Minuten • Für 1 Person

Zutaten

115 g Spaghetti	*1 EL Zitronensaft*
100 g gekochte geschälte Miesmuscheln	*150 ml Crème double*
100 g Lachsfilet, in Stücke geschnitten	*1 Ei, geschlagen*
15 g getrockneter Seetang, eingeweicht und gekocht (siehe »Tipp des Küchenchefs«)	*1 EL geriebener reifer Goudakäse*
	2 EL frische Semmelbrösel
1 EL gehackte frische Petersilie	*15 g Butter*
Salz und frisch gemahlener schwarzer Pfeffer	*frische glatte Petersilie, zum Garnieren*

Zubereitung

1

Spaghetti 8–10 Minuten in einem großen Topf mit sprudelndem Salzwasser *al dente* (bissfest) kochen.

2

Spaghetti gründlich mit Muscheln, Lachs und Seetang durchheben. In eine leicht eingefettete Auflaufform geben.

3

Mit Petersilie bestreuen, dann mit Salz und Pfeffer und Zitronensaft abschmecken.

4

Crème double in einer Schüssel mit Ei verschlagen und mit Salz und Pfeffer abschmecken. Über die Spaghetti geben.

5

Käse und Semmelbrösel vermischen und über die Spaghetti geben. Mit Butterflocken besetzen.

6

30 Minuten im vorgeheizten Backofen bei 180 °C (Gasherd: Stufe 4) backen, bis der Fisch zart ist.

7

Nach Wunsch kurz vor dem Servieren unter dem Backofengrill überbräunen. Mit frischer Petersilie garniert servieren.

Abwandlungen

Verwenden Sie frischen Thunfisch an Stelle des Lachs. Ersetzen Sie den Gouda durch Emmentaler oder Cheddarkäse.

Tipp des Küchenchefs

Getrockneten Seetang erhält man in Reformhäusern und asiatischen Lebensmittelgeschäften. Er wird 10 Minuten in Wasser eingeweicht, dann 10 Minuten im Wasser gekocht.

Gefüllte Makrele

Eine ganze Makrele mit einer herrlich duftigen Kräuterfüllung.

Vorbereitungszeit: 10 Minuten • Kochzeit: 30 Minuten • Für 1 Person

Zutaten

1 ganze Makrele, ausgenommen

15 g Butter

2 TL fein gehackte Zwiebel

1 TL Haferflocken

15 g frische Vollkorn-Semmelbrösel

1/2 TL gehackter frischer Zitronenthymian

1/2 TL gehackte frische Petersilie

frisch gemahlenes Meersalz und schwarzer Pfeffer, nach Geschmack

Brunnenkresse und Zitronenscheiben, zum Garnieren

Zubereitung

1
Butter in einer großen Pfanne zerlassen, Zwiebel zugeben und unter Rühren glasig andünsten. Vom Herd nehmen.

2
Haferflocken, Semmelbrösel, Kräuter und Salz und Pfeffer zugeben. Gründlich zu einer festen Füllung verrühren und bei Bedarf ein wenig heißes Wasser zum Abbinden dazugeben.

3
Die Füllung in die Makrele geben und in gut eingefettete Alufolie einschlagen.

4
In einen Bräter oder auf ein Backblech geben und 30 Minuten im vorgeheizten Backofen bei 190 °C (Gasherd: Stufe 5) garen.

5
Mit Brunnenkresse und Zitronenscheiben garniert servieren.

Serviervorschlag

Reichen Sie dazu neue Kartoffeln mit Minze und Erbsen.

Abwandlungen

Die Füllung schmeckt auch hervorragend mit Hering, Wittling oder Forelle. Verwenden Sie 1 Schalotte an Stelle der Zwiebel. Ersetzen Sie die Haferflocken durch gehackte Nüsse.

Fisch & Meeresfrüchte

Hirsebrühe mit gedämpftem Fisch

Gedämpfter Fisch wird mit einer köstlichen Gemüsebrühe mit Hirse verfeinert und mit Parmesan bestreut.

Vorbereitungszeit: 10 Minuten • Kochzeit: 20 Minuten • Für 1 Person

Zutaten

2 EL Pflanzenöl

1 Schalotte, fein gehackt

50 g Hirse

100 ml Gemüsebrühe

Salz und frisch gemahlener schwarzer Pfeffer

175 g dick geschnittenes Kabeljau- oder Schellfischfilet

1 Knoblauchzehe, zerdrückt

1/2 rote oder grüne Paprikaschote, entkernt und in Streifen geschnitten

50 g Zucchini, in Scheiben geschnitten

1 EL fein gehackte glatte Petersilie

1 TL frisch gehackter Liebstöckel

2 EL geriebener Parmesankäse

1 Zitronenscheibe, frische glatte Petersilie und in Stifte geschnittene rote Paprikaschote und Zucchini, zum Garnieren

Zubereitung

1

1 Esslöffel Öl in einem Topf erhitzen. Schalotte 5 Minuten unter gelegentlichem Rühren andünsten. Hirse zugeben; verrühren.

2

Brühe zugießen und nach Bedarf mit Salz und Pfeffer abschmecken. Abdecken und 20 Minuten unter gelegentlichem Rühren kochen lassen, bis die Hirse gar ist.

3

In der Zwischenzeit das Filet in einen Dämpfeinsatz über einem Topf mit köchelndem Wasser setzen und mit einem gut schließenden Deckel abdecken.

4

15–20 Minuten dämpfen, bis der Fisch gar ist.

5

In der Zwischenzeit das restliche Öl in einem zweiten Topf erhitzen und Knoblauch, Paprika und Zucchini 5 Minuten pfannenrühren. Mit den Kräutern in die Hirse einrühren. Mit Käse bestreuen.

6

Mit Zitronenscheibe und Petersilie garnierte Hirse neben dem mit Paprika- und Zucchinistiften garnierten Fisch anrichten.

Abwandlungen

Statt oder neben der Hirse kann man auch Weizen und Gerste verwenden. Weichen Sie das Getreide vor der Verarbeitung mehrere Stunden in kaltem Wasser ein. Ersetzen Sie die Zucchini durch Champignons. Verwenden Sie Koriander statt Petersilie.

Kabeljau-Curry

Dieses verlockende Gericht wird mit einer duftigen Gewürzmischung aromatisiert.

Vorbereitungszeit: 10 Minuten • Kochzeit: 20 Minuten • Für 1 Person

Zutaten

1 EL Pflanzenöl

1 kleine Zwiebel, gehackt

1 cm-Stück Zimtstange

1 Lorbeerblatt

1/4 TL Ingwerpaste

1/4 TL Knoblauchpaste

1/4 TL Chilipulver

1/4 TL gemahlener Kreuzkümmel

1/4 TL gemahlener Koriander

1/4 TL gemahlene Kurkuma

3 EL Naturjoghurt oder 55 g Tomaten aus der Dose, gehackt

1 kleine frische grüne Chilischote, fein gehackt

1 Stängel frischer Koriander, gehackt

115 g Kabeljaufilets, in 5 cm große Stücke geschnitten

Salz, nach Geschmack

Zubereitung

1

Öl in einem großen Topf erhitzen und Zwiebel darin unter gelegentlichem Rühren goldbraun anbraten. Zimt, Lorbeerblatt und Pasten zugeben und 1 Minute unter Rühren kochen.

2

Gemahlene Gewürze einstreuen und 1 Minute unter Rühren kochen, dann Joghurt oder Tomaten und Chili und Koriander einrühren.

3

Bei Verwendung von Joghurt 3 Esslöffel Wasser einrühren und 2–3 Minuten unter gelegentlichem Rühren köcheln lassen. Bei Verwendung von Tomaten kein Wasser angießen.

4

Fisch in die Sauce geben; salzen. Topf abdecken und 15–18 Minuten köcheln lassen, bis der Fisch gar ist. Sofort servieren.

Serviervorschlag

Reichen Sie dazu gekochten Reis und ein Gurken-Raita.

Abwandlungen

Verwenden Sie Schellfisch oder Seeteufel an Stelle des Kabeljau. Ersetzen Sie die Zwiebel durch 1 kleine Lauchstange. Nehmen Sie Kokosmilch statt Joghurt.

Tipp des Küchenchefs

Bei der Zubereitung frischer Chillies sollte man sehr vorsichtig sein. Bringen Sie den Saft nicht in Kontakt mit Augen oder Mund. Wenn es doch passiert, spülen Sie sie ausgiebig mit kaltem Wasser.

Rührei mit Garnelen

Das cremige Rührei wird durch die saftigen Riesengarnelen perfekt ergänzt.

Vorbereitungszeit: 10 Minuten • Kochzeit: 10 Minuten • Für 1 Person

Zutaten

3 gekochte geschälte Riesengarnelen

2 Eier, geschlagen

1/4 Selleriestange, fein gehackt

1 Frühlingszwiebel, gehackt

1/4 TL Fischsauce

Salz und frisch gemahlener schwarzer Pfeffer

frische Kräuter, zum Garnieren

Zubereitung

1
Garnelen in kleine Stücke schneiden.

2
In einer Schüssel mit den Eiern verrühren und Sellerie, Frühlingszwiebel und Fischsauce hinzufügen.

3
Mit ein wenig Salz und Pfeffer abschmecken.

4
Das ganze in eine beschichtete Pfanne gießen und bei schwacher Hitze unter Rühren stocken lassen. Wenn die gewünschte Konsistenz erreicht ist, sofort mit frischen Kräutern garniert servieren.

Serviervorschlag

Reichen Sie dazu zusätzlich leicht gedämpfte Garnelen und gekochten Reis.

Abwandlungen

Nehmen Sie gekochte und geschälte Miesmuscheln, Krabben oder Krebsfleisch an Stelle der Garnelen. Ersetzen Sie den Sellerie durch 2 bis 3 Champignons.

Tipp des Küchenchefs

Fischsauce erhält man in Feinkostgeschäften und asiatischen Lebensmittelgeschäften. Da sie sehr salzig ist, benötigt man kein zusätzliches Salz.

Garnelen-Ananas-Curry

Dieses fruchtige Curry wird mit cremiger Kokosnussmilch angereichert.

Vorbereitungszeit: 10 Minuten • Kochzeit: 5 Minuten • Für 1 Person

Zutaten

125 g frische Ananasstücke

200 ml Kokosnussmilch

1 TL rote Currypaste

Salz, nach Geschmack

1/2 TL Zucker

6 gekochte geschälte Garnelen

frische Kräuter, zum Garnieren

Zubereitung

1

Ananasstücke mit Kokosnussmilch, Currypaste, Salz und Zucker in einen Topf geben und verrühren.

2

Garnelen hineingeben und einige Minuten unter gelegentlichem Rühren sanft köcheln lassen, bis Ananas und Garnelen heiß sind.

3

Abschmecken und mit frischen Kräutern garniert servieren.

Serviervorschlag

Reichen Sie dazu gekochten Reis und Krabbenbrot.

Abwandlungen

Ersetzen Sie die Ananas durch frische Mango. Verwenden Sie Chili- an Stelle der Currypaste.

Tipps des Küchenchefs

Kurz vor dem Servieren mit Kokosflocken oder -raspeln bestreuen. Kokosnussmilch in Dosen und Currypaste erhält man in asiatischen Lebensmittelgeschäften.

Schweinefilet mit Bananenfüllung

Dieses raffinierte Gericht lässt sich schnell in der Mikrowelle zubereiten.

Vorbereitungszeit: 10 Minuten • Kochzeit: 11 Minuten (Mikrowelle) • Für 1 Person

Zutaten

1 kleine Zwiebel, in Scheiben geschnitten

1 TL Butter

140 g Filetstück vom Schwein

1/2 kleine Banane

Salz und frisch gemahlener schwarzer Pfeffer

1 Apfel

2 TL Erdnussbutter

1–2 EL Crème fraîche

1 TL Mandelblättchen

Zubereitung

1
Zwiebel und Butter in eine mikrowellengeeignete Form geben.

2
Bei hoher Leistung 2 Minuten in der Mikrowelle erhitzen. Auf die Seite stellen.

3
In der Zwischenzeit mit einem scharfen Messer eine Tasche in das Filetstück schneiden, so dass die Banane zur Hälfte hinein passt. Banane in die Tasche legen.

4
Fleisch mit Salz und Pfeffer würzen und in eine mikrowellengeeignete Form geben. Zwiebel darüber geben.

5
Apfel schälen und würfeln. Apfelwürfel über Fleisch und Zwiebel geben, abdecken und in die Mikrowelle stellen. 5 Minuten bei hoher Leistung garen.

6
Erdnussbutter in einer kleinen Schüssel mit Crème fraîche verrühren und über das Fleisch verteilen.

7
Mit Mandelblättchen bestreuen und unabgedeckt in die Mikrowelle geben.

8
3–4 Minuten bei mittlerer Leistung garen, bis das Fleisch zart ist. Sofort servieren.

Serviervorschlag

Reichen Sie dazu gekochten Wild- oder Langkornreis oder Bratkartoffeln und gekochtes frisches Gemüse wie Brokkoli und Blumenkohlröschen.

Abwandlungen

Nehmen Sie Rindfleisch statt Schwein. Ersetzen Sie die Mandeln durch gehackte Haselnüsse.

Frische Pasta mit Schinken-Gemüse-Sauce

Diese Pastasauce aus einfachen Zutaten empfiehlt sich als leckeres schnelles Essen für Eilige.

Vorbereitungszeit: 10 Minuten • Kochzeit: 20 Minuten • Für 1 Person

Zutaten

90 g frische Pasta
1 TL Olivenöl
½ kleine Zwiebel, in Streifen geschnitten
1 Scheibe Schinken, klein geschnitten
2 frische Basilikumblätter, gehackt
1 EL gehackte Tomaten
Salz und frisch gemahlener schwarzer Pfeffer
15 g Butter
1 EL geriebener Parmesankäse
frische Basilikumzweige, zum Garnieren

Zubereitung

1
Pasta 3 Minuten in einem Topf mit sprudelndem Salzwasser *al dente* (bissfest) kochen. Unter heißem Wasser abspülen und zum Abtropfen auf die Seite stellen.

2
Öl in einer Pfanne erhitzen und Zwiebel, Schinken, Basilikum und Tomaten 15–20 Minuten unter gelegentlichem Rühren anbraten. Mit Salz und Pfeffer abschmecken.

3
In der Zwischenzeit Butter in einem Topf zerlassen und Pasta unter Rühren hineingeben. Sauce einrühren und unter gelegentlichem Rühren sanft erhitzen, bis die Pasta heiß sind.

4
Mit Käse überstreuen und mit frischem Basilikum garniert servieren.

Serviervorschlag

Reichen Sie dazu warmes Ciabattabrot und einen gemischten grünen Salat.

Abwandlungen

Verwenden Sie geräucherten Schinken oder Prosciutto an Stelle des ungeräucherten Schinkens. Ersetzen Sie das Basilikum durch Thymian. Nehmen Sie passierte Tomaten statt der gehackten. Verwenden Sie Tagliatelle oder Spaghetti.

Cordon Bleu

Ein Kalbsschnitzel wird mit Schinken und Käse gefüllt und dann kurz angebraten.

Vorbereitungszeit: 10 Minuten • Kochzeit: 6 Minuten • Für 1 Person

Zutaten

1 Kalbsschnitzel (ca. 140 g)

Salz und frisch gemahlener schwarzer Pfeffer

1 Scheibe Hartkäse (Cheddar oder Gruyère)

1 Scheibe magerer gekochter Schinken

1 EL Mehl

1 leicht geschlagenes Eiweiß

1 EL Semmelbrösel

1 EL Pflanzenöl

1 EL Butter

1 Zitronenscheibe

frische Kräuter, zum Garnieren

Zubereitung

1

Schnitzel auf einem Brett mit einem Fleischklopfer plattieren. Eine Hälfte mit Salz und Pfeffer würzen.

2

Die andere Hälfte mit Käse und Schinken belegen; überschlagen und andrücken.

3

Schnitzel zunächst in Mehl, dann in Eiweiß und schließlich in Semmelbröseln wälzen.

4

Öl und Butter in einer Pfanne erhitzen. Schnitzel 3 Minuten von jeder Seite goldbraun braten.

5

Mit frischen Kräutern garniert sofort mit einer Zitronenscheibe servieren.

Serviervorschlag

Reichen Sie dazu gekochte neue Kartoffeln und geschmorte Karotten und Sellerie.

Abwandlungen

Nehmen Sie Schweine- oder Lammfleisch statt Kalb. Ersetzen Sie den ungeräucherten durch geräucherten Schinken.

Lammkoteletts

Zartes Lammfleisch, serviert auf einem Spiegel aus Rotweinsauce.

Vorbereitungszeit: 10 Minuten • Kochzeit: 20 Minuten • Für 1 Person

Zutaten

200 g ausgelöste Lammkoteletts
1 TL Pflanzenöl
Salz und frisch gemahlener schwarzer Pfeffer
1 EL Rotwein
1 EL Fleischbrühe
1 kleine Tomate, gehäutet und gewürfelt
1 TL kalte Butter
frische Kräuter, zum Garnieren

Zubereitung

1
Fleisch in Würfel schneiden. Öl in einem Topf erhitzen und Fleisch 2 Minuten von jeder Seite anbraten.

2
Mit Salz und Pfeffer abschmecken und abgedeckt auf einem Teller warm stellen.

3
Fett vom Bratensaft abschöpfen, dann Rotwein, Brühe und Tomate in den Topf geben. 10 Minuten unter gelegentlichem Rühren kochen lassen.

4
Vom Herd nehmen und durch ein Sieb passieren.

5
Ernuet in den Topf geben und sanft erhitzen.

6
Mit kalter Butter aufmontieren und abschmecken.

7
Fleisch auf einem Saucenspiegel anrichten und mit frischen Kräutern garniert servieren.

Serviervorschlag

Reichen Sie dazu grüne Bohnen und gebratene Kartoffeln.

Abwandlungen

Nehmen Sie Rind- oder Schweinefleisch statt Lamm. Ersetzen Sie den Rotwein durch Weißwein oder Sherry.

Südsee-Fleischbällchen

Diese köstlichen Bällchen aus magerem Hackfleisch werden in einer leckeren Ananas-Paprika-Sauce serviert.

Vorbereitungszeit: 15 Minuten • Kochzeit: 20–30 Minuten • Für 1 Person

Zutaten

115 g mageres Gehacktes vom Rind

1 EL geschlagenes Ei

frisch gemahlenes Meersalz und schwarzer Pfeffer

1 TL Sonnenblumenöl, zusätzlich ein wenig zum Bestreichen

1 kleine Schalotte, gehackt

10 g Vollkornmehl zusätzlich ein wenig, zum Bestäuben

115 g Ananasstücke im eigenen Saft aus der Dose, Saft aufgefangen

1 TL Sojasauce

ein Spritzer Weinessig

1/2 kleine grüne Paprikaschote, entkernt und klein gewürfelt

10 g Mandelblättchen

Zubereitung

1

Fleisch in einer Schüssel mit dem Ei verrühren und mit Salz und Pfeffer abschmecken.

2

Mischung in zwei oder vier Portionen aufteilen und zu Bällchen rollen. Hände leicht mit Mehl bestäuben und Bällchen leicht flach drücken.

3

Fleischbällchen mit ein wenig Öl bestreichen und unter einmaligem Wenden 10–15 Minuten von jeder Seite unter dem vorgeheizten Grill grillen.

4

In der Zwischenzeit 1 Teelöffel Öl in einer Pfanne erhitzen und Schalotte 3 Minuten glasig andünsten, aber nicht bräunen.

5

Mehl einrühren und 1 Minute unter Rühren anschwitzen lassen.

6

Ananassaft nach und nach zugießen und zwischen den Gaben rühren, bis der Saft verarbeitet und die Sauce glatt ist.

7

Sojasauce und Weinessig zugießen und mit Salz und Pfeffer abschmecken.

8

Ananasstücke, Paprika und Mandeln einrühren. Unter Rühren aufkochen lassen.

9

Fleischbällchen in die Sauce geben, abdecken und 10–15 Minuten unter gelegentlichem Rühren sanft köcheln lassen. Servieren.

Serviervorschlag

Reichen Sie Fleischbällchen und Sauce in einem Reisring.

Abwandlungen

Verwenden Sie Lamm-, Hühnchen- oder Putenfleisch an Stelle des Rinderhacks. Ersetzen Sie die grüne Paprika durch eine rote oder gelbe. Nehmen Sie Pfirsich, Aprikose oder Mango aus der Dose statt der Ananas.

Estragon-Hühnchen

Frischer Estragon ist ein klassisches Geflügelgewürz. Hier betört es geschmacklich in einer cremigen Sauce zu einer saftigen gebratenen Hühnerbrust.

Vorbereitungszeit: 10 Minuten • Kochzeit: 35 Minuten • Für 1 Person

Zutaten

1 Hühnerbrust, ohne Haut und Knochen

Salz und frisch gemahlener schwarzer Pfeffer

10 g Butter

1 Schalotte, fein gehackt

100 ml Hühnerbrühe

5 EL Crème fraîche

1 TL gehackter frischer Estragon

1/2 Weinglas Champagner, Sekt oder Chablis

15 g kalte Butter

frische Kräuter, zum Garnieren

Zubereitung

1

Hühnerbrust mit Salz und Pfeffer würzen. Butter in einem Topf zerlassen, Hühnchen mit Schalotte hinein geben und rundum anbräunen.

2

Brühe zugießen, abdecken und aufkochen. Die Temperatur reduzieren, abdecken und 15 Minuten köcheln lassen, bis das Fleisch zart ist.

3

Hühnchen auf einem Teller warm stellen.

4

Crème fraîche in die Kochflüssigkeit einrühren und bei starker Hitze auf die Hälfte einreduzieren.

5

Estragon und Champagner oder Wein zugeben und weitere 15 Minuten unter gelegentlichem Rühren kochen lassen. Sauce mit kalter Butter aufmontieren und über das Hühnchen geben.

6

Mit frischen Kräutern garniert servieren.

Abwandlungen

Nehmen Sie Putenbrust statt des Hühnchens. Ersetzen Sie den Estragon durch gehackten frischen Koriander oder Schnittlauch.

Putenroulade mit Tomate und Schafskäse

Hier eine ungewöhnliche und pikante Kombination von Zutaten für ein besonderes Hauptgericht.

Vorbereitungszeit: 15 Minuten • Kochzeit: 10–15 Minuten (Mikrowelle auf hoher Leistung) • Für 1 Person

Zutaten

1 kleine Zwiebel, in dünne Streifen geschnitten

1 TL Butter

1 Tomate, gehäutet

Salz, frisch gemahlener schwarzer Pfeffer und Zucker, nach Geschmack

gehackter frischer Oregano oder Majoran, nach Geschmack

100–140 g dünne Putenbrustscheiben

1/2 Scheibe gekochter Schinken

1/2 Scheibe Schinkenspeck

25 g Schafskäse, zerkrümelt oder in Scheiben geschnitten

frische glatte Petersilie, zum Garnieren

Zubereitung

1

Zwiebel mit der Butter in eine mikrowellengeeignete Form geben. 2 Minuten bei hoher Leistung in der Mikrowelle erhitzen. Ein Mal umrühren.

2

Tomate in Scheiben schneiden und mit Salz, Pfeffer, Zucker und Oregano oder Majoran zur Zwiebel geben. Gut verrühren.

3

Putenbrustscheiben salzen und pfeffern. Schinken und Speck darauf legen und einrollen. Mit einem Zahnstocher fest stecken.

4

In einer mikrowelengeeigneten Form mit der Tomatenmischung bedecken. 7–9 Minuten bei hoher Leistung garen.

5

Zahnstocher entfernen, Putenroulade mit Schafskäse belegen und 1–2 Minuten bei starker Leistung erhitzen.

6

Mit Petersilienstängeln garniert servieren.

Serviervorschlag

Reichen Sie dazu gekochten Reis oder Kuskus und frisches gekochtes Gemüse wie Steckrüben und Pastinaken.

Abwandlungen

Nehmen Sie Hühnchen statt Pute. Ersetzen Sie Oregano oder Majoran durch Estragon. Nehmen Sie Ziegen- statt Schafskäse.

Tipp des Küchenchefs

Bräunen Sie die Roulade vor dem Servieren einige Minuten unter dem heißen Grill.

Puten-Curry mit Frühlingszwiebeln

Ein schnell zubereitetes Curry, perfekt für ein leichtes Essen nach einem anstrengenden Tag.

Vorbereitungszeit: 10 Minuten + Zeit zum Vorheizen des Bräunungsgeschirrs • Kochzeit: 7–10 Minuten (Mikrowelle auf hoher Leistung) • Für 1 Person

Zutaten

125 g Putenbrust, in Streifen geschnitten

1 kleine gelbe Paprikaschote, entkernt, in Streifen geschnitten

115 g Frühlingszwiebeln, gehackt

1 EL Pflanzenöl

Salz, nach Geschmack

3 EL Orangensaft

1 kleine Knoblauchzehe, fein gehackt

Currypulver, nach Geschmack

Zubereitung

1

Ein Bräunungsgeschirr 6–7 Minuten in der Mikrowelle bei hoher Leistung vorheizen.

2

Putenbruststreifen 2–3 Minuten im Geschirr bei hoher Leistung bräunen. Nach der halben Zeit wenden.

3

Paprika und Frühlingszwiebeln mit Öl, Salz, Orangensaft, Knoblauch und Currypulver zum Fleisch geben.

4

5–7 Minuten bei hoher Leistung unter gelegentlichem Rühren garen, bis das Fleisch zart ist.

5

Mit Salz und Currypulver abschmecken und servieren.

Serviervorschlag

Reichen Sie dazu gekochten Reis mit Koriander oder Petersilie und indisches Naan-Brot.

Abwandlungen

Nehmen Sie Hühnchen statt Pute. Ersetzen Sie die Frühlingszwiebeln durch 1 kleine Zucchini. Verwenden Sie Champignons an Stelle der Frühlingszwiebeln. Ersetzen Sie das Currypulver durch Currypaste.

Exotischer Kartoffelpudding

Dieses ungewöhnliche köstliche Gericht aus Kartoffeln und Obst ist in der Mikrowelle schnell zubereitet.

Vorbereitungszeit: 15 Minuten • Kochzeit: 5–6 Minuten (Mikrowelle auf hoher Leistung) • Für 1 Person

Zutaten

250 g gekochte Kartoffeln

fein geriebene Schale von 1 Orange

1/2 Orange, geschält

1/2 kleine frische Ananas, geschält

100 g Mandarinen aus der Dose

3 EL Mandarinensaft

Salz

1 EL Butter

Zubereitung

1

Kartoffeln in dünne Stifte schneiden und in eine Schüssel geben. Orangenschale darüber streuen und durchheben.

2

Orange und Ananas in Scheiben schneiden.

3

Kartoffeln, Orange, Ananas und Mandarinen in abwechselnden Lagen in eine eingefettete, mikrowellengeeignete Form schichten und mit einer Lage Kartoffel abschließen.

4

Mandarinensaft mit etwas Salz und Butter in eine mikrowellengeeignete Schüssel geben und 1 Minute in der Mikrowelle bei hoher Leistung erhitzen.

5

Flüssigkeit über die Kartoffeln geben und 4–5 Minuten bei hoher Leistung garen.

6

Kurz vor dem Servieren unter dem heißen Grill bräunen. Sofort servieren.

Serviervorschlag

Reichen Sie dazu gekochtes frisches Gemüse wie Karotten und Brokkoli.

Abwandlungen

Verwenden Sie Mango an Stelle der Ananas. Ersetzen Sie die Kartoffeln durch Süßkartoffeln. Nehmen Sie rosafarbene Grapefruit statt der Orange.

Gemüseeintopf mit Oliven

Dank des Essigs und der Kapern erhält dieses farbenfrohe Gemüsegericht eine feine, frische Schärfe.

Vorbereitungszeit: 20 Minuten + Ruhezeit • Kochzeit: 25 Minuten • Für 1 Person

Zutaten

1/2 kleine Aubergine

Salz

5 TL Oliven- oder Pflanzenöl

1 kleine Zwiebel, in dünne Streifen geschnitten

1 kleine rote Paprikaschote, entkernt und in Streifen geschnitten

1/2 Selleriestange, in dicke Scheiben geschnitten

115 g Eiertomaten aus der Dose

1 TL Rotweinessig

1/4 TL Zucker

1/2 Knoblauchzehe, zerdrückt

Salz und frisch gemahlener schwarzer Pfeffer

4 schwarze Oliven, entkernt

1 TL Kapern

Zubereitung

1
Aubergine längs halbieren und Schnittflächen mit einem scharfen Messer tief kreuzförmig einschneiden.

2
Großzügig mit Salz bestreuen und 20 Minuten ziehen lassen.

3
Aubergine gründlich unter kaltem Wasser abspülen, dann trocken tupfen und in 2,5 cm große Würfel schneiden.

4
Öl in einer Pfanne erhitzen und Zwiebel, Paprika und Sellerie 5 Minuten unter gelegentlichem Rühren sanft andünsten, ohne sie zu bräunen.

5
Aubergine zugeben und gründlich verrühren. Weitere 5 Minuten unter gelegentlichem Rühren sanft köcheln lassen.

6
In der Zwischenzeit Tomaten hacken und mit einem Holzlöffel durch ein Sieb passieren. Kerne wegwerfen.

7
Passierte Tomaten mit Weinessig, Zucker, Knoblauch, Salz und Pfeffer nach Geschmack in den Topf geben. Abdecken und 5 Minuten unter gelegentlichem Rühren köcheln lassen.

8
Oliven vierteln und mit den Kapern zu den köchelnden Gemüsen geben.

9
Unabgedeckt weitere 15 Minuten unter gelegentlichem Rühren köcheln lassen, bis die meiste Flüssigkeit verkocht und die Sauce angedickt ist. Servieren.

Serviervorschlag

Kalt als Salat mit Ciabatta- oder Focacciabrot oder heiß mit Reis und ofenwarmem Fladenbrot servieren.

Abwandlungen

Verwenden Sie gehackte Gemüsegurken an Stelle der Kapern. Ersetzen Sie die Aubergine durch 1 Zucchini (die nicht gesalzen werden muss).

Tipp des Küchenchefs

Durch das Einschneiden und Salzen werden der Aubergine Bitterstoffe entzogen und sie wird weniger hart. Waschen Sie die Aubergine gründlich ab, damit das Gericht nicht zu salzig wird.

Linsen-Kedgeree

Dieses appetitanregende Rezept kombiniert gewürzten Reis mit Linsen und Zwiebeln zu einem sättigenden vegetarischen Gericht.

Vorbereitungszeit: 15 Minuten + Einweichzeit • Kochzeit: 25 Minuten • Für 1 Person

Zutaten

50 g Basmatireis
50 g rote Linsen
25 g Butter
1 kleine Zwiebel, gehackt
eine Prise zerstoßene frische Ingwerwurzel
1/4 TL zerdrückter Knoblauch
1 kleines Stück Zimtstange
2 Gewürznelken
1 Lorbeerblatt
1/4 TL gemahlener Koriander
eine Prise gemahlenes Kurkuma
eine Prise frisch gemahlenes Meersalz
1 kleine grüne Chilischote, längs halbiert

Zubereitung

1
Reis und Linsen gründlich in kaltem Wasser waschen. Gut abtropfen lassen.

2
Reis und Linsen in einer Schüssel mit 200 ml warmem Wasser bedecken. 30 Minuten einweichen, dann gründlich abtropfen lassen und Wasser auffangen.

3
Butter in einem Topf zerlassen. Zwiebel 2–3 Minuten unter Rühren andünsten.

4
Ingwer, Knoblauch, Zimt, Nelken und Lorbeerblatt zugeben und 1 weitere Minute dünsten.

5
Reis und Linsen mit Koriander, Kurkuma, Salz und Chili in den Topf geben. 2–3 Minuten rühren, bis Reis und Linsen gleichmäßig mit Butter überzogen sind.

6
Aufgefangenes Wasser zur Reismischung gießen und aufkochen lassen. Temperatur reduzieren und Topf mit einem fest schließenden Deckel abdecken. 8–10 Minuten ohne zu rühren köcheln lassen, bis das Wasser vollständig aufgenommen ist.

7
Reis und Linsen durchrühren. Chili entfernen und sofort servieren.

Serviervorschlag

Reichen Sie dazu frisches Krustenbrot und einen dunklen Blattsalat.

Abwandlungen

Nehmen Sie grüne oder braune Linsen statt rote. Ersetzen Sie die Zwiebel durch 2 Schalotten. Nehmen Sie braunen Basmatireis.

Eier-Kartoffel-Dum

In diesem köstlichen indischen Gericht werden Kartoffeln und ein hart gekochtes Ei zunächst knusprig gebraten und dann in einer Gewürzmischung langsam gedünstet.

Vorbereitungszeit: 15 Minuten • Kochzeit: 40 Minuten • Für 1 Person

Zutaten

1 hart gekochtes Ei
1 EL Pflanzenöl
115 g kleine Kartoffeln, geschält und geviertelt
je eine Prise Chilipulver und gemahlene Kurkuma, vermischt
1 kleine Zwiebel, fein gehackt
1 kleines Stück Ingwerwurzel, geschält und gerieben
1/2 Zimtstange
1 schwarze Kardamomkapsel, geöffnet
1 Gewürznelke
1/2 frische grüne Chilischote, gehackt
50 g Dosen aus der Tomate
eine Prise gemahlenes Kurkuma
1/2 TL gemahlener Koriander
1/4 TL gemahlene Fenchelsamen
eine Prise Chilipulver (nach Belieben)
Salz, nach Geschmack
1 TL gehackte frische Korianderblätter
frische Korianderzweige, zum Garnieren

Zubereitung

1
Ei schälen und 4 Mal längs einschneiden; dabei 1 cm Abstand zu den Enden einhalten.

2
Öl in einem gusseisernen oder beschichteten Topf erhitzen. Kartoffeln 10 Minuten bei mittlerer Hitze rundum anbräunen. Mit einem Schaumlöffel heraus heben und auf einem Teller auf die Seite stellen.

3
Topf vom Herd nehmen und Chili-Kurkuma-Mischung einrühren. Wieder auf den Herd stellen und das Ei rundum gut anbräunen. Mit einem Schaumlöffel heraus heben und auf einem Teller auf die Seite stellen.

4
Zwiebel, Ingwer, Zimt, Kardamom, Nelke und Chili im gleichen Öl 6–7 Minuten unter gelegentlichem Rühren anbraten, bis die Zwiebel leicht gebräunt ist.

5
Die Hälfte der Tomaten einrühren und 2–3 Minuten kochen, bis die Tomaten zerfallen.

6
Kurkuma, Koriander-, Fenchel- und Chilipulver einrühren und 3–4 Minuten unter gelegentlichem Rühren kochen.

7
Restliche Tomaten zugeben und 4–5 Minuten unter regelmäßigem Rühren kochen.

8
Kartoffeln, Salz und 50 ml Wasser zugeben. Aufkochen lassen, Topf abdecken und unter gelegentlichem Rühren köcheln lassen, bis die Kartoffeln gar sind.

9
Ei zugeben und unabgedeckt 5–6 Minuten unter ein- oder zweimaligem Rühren kochen lassen.

10
Gehackte Korianderblätter einrühren und mit Korianderzweigen garniert servieren.

Serviervorschlag

Reichen Sie dazu indisches Naan- oder Parathabrot.

Abwandlungen

Nehmen Sie Süßkartoffeln, Yamswurzeln oder Steckrüben statt der Kartoffeln. Verwenden Sie passierte Tomaten an Stelle der Dosentomaten. Ersetzen Sie den gemahlenen Koriander durch gemahlenen Kreuzkümmel.

Frisches Tomaten-Omelett

Omeletts sind ideal für ein schnelles und leichtes Mahl, insbesondere, wenn sie wie hier interessant gefüllt sind.

Vorbereitungszeit: 20 Minuten • Kochzeit: 5 Minuten • Für 1 Person

Zutaten

225 g frische Tomaten

2 Eier

1/2 TL gehacktes frisches Basilikum

Salz und frisch gemahlener schwarzer Pfeffer

1 EL Olivenöl

1/2 TL gehacktes frisches Basilikum, zum Servieren

frische Basilikumzweige, zum Garnieren

Zubereitung

1
Tomaten kreuzförmig einschneiden und 30 Sekunden in sprudelndes Wasser tauchen, dann mit einem Schaumlöffel heraus heben.

2
Haut sorgfältig mit einem scharfen Messer abziehen.

3
Tomaten halbieren und Kerne, Saft und Kerngehäuse entfernen. Fruchtfleisch in dünne Streifen schneiden und auf die Seite stellen.

4
Eier in eine Schüssel aufschlagen und mit 2 Esslöffel Wasser und dem gehackten Basilikum verschlagen. Mit Salz und Pfeffer abschmecken und schaumig schlagen.

5
Öl in einer Pfanne erhitzen und Eimischung hineingeben.

6
Mischung 2–3 Minuten mit einem Pfannenwender durchrühren, bis sie stockt.

7
Tomatenstreifen auf dem halb gestockten Ei verteilen und ohne zu rühren weiter backen, bis das Ei fest und die Tomaten warm sind.

8
Vor dem Servieren mit dem zusätzlichen gehackten Basilikum bestreuen. Mit Basilikumzweigen garniert servieren.

Serviervorschlag

Reichen Sie dazu Krustenbrot und einen selbst gemachten Krautsalat.

Abwandlungen

Geben Sie 1 zerdrückte Knoblauchzehe zur Eimischung. Bestreuen Sie das Omelett vor dem Servieren mit geriebenem Käse. Verwenden Sie Champignonscheiben an Stelle der Tomaten.

Succotash

Die Indianer verliehen diesem farbenfrohen Gericht seinen Namen.
In dieser modernen Version wird es in der Mikrowelle gegart.

Vorbereitungszeit: 10 Minuten + Einweichzeit • Kochzeit: 1 Stunde 15 Minuten (Mikrowelle) • Für 1 Person

Zutaten

115 g dicke Bohnen

1 kleine Zwiebel, gehackt

1 kleine grüne Paprikaschote, entkernt und gehackt

15 g Butter

115 g TK-Maiskörner

2 EL Naturjoghurt

1/2 TL Pfeilwurzelstärke (Maranta)

Zubereitung

1

Bohnen in eine mikrowellengeeignete Form geben, mit kochendem Wasser bedecken und mindestens 2 Stunden einweichen.

2

Abgießen, dann mit frischem Wasser bedecken. 10 Minuten in der Mikrowelle bei hoher Leistung garen, dann 1 Stunde bei mittlerer Leistung weich kochen.

3

Zwiebel und Paprika mit der Butter in eine mikrowellengeeignete Schüssel geben und 2 Minuten bei hoher Leistung erhitzen.

4

Bohnen und Mais zugeben und 4 Minuten bei hoher Leistung kochen.

5

Stärke mit 1 Esslöffel Joghurt vermischen, dann den restlichen Joghurt zugeben. Vor dem Servieren unter Bohnen und Mais rühren. Sofort servieren.

Serviervorschlag

Reichen Sie dazu einen Paprika-Tomaten-Salat und frische Brötchen.

Abwandlungen

Verwenden Sie TK-Erbsen an Stelle des Mais. Nehmen Sie 115 g in Scheiben geschnittene Champignons statt der Paprika.

Tipp des Küchenchefs

Das Kochen getrockneter Hülsenfrüchte dauert zwar in der Mikrowelle genauso lang wie auf dem Herd, aber sie werden dabei nicht so leicht mehlig.

Spinat-Risotto

Ein in der Mikrowelle gekochtes Risotto ist die perfekte Wahl für ein schnelles, sättigendes Abendessen nach einem langen Arbeitstag.

Vorbereitungszeit: 15 Minuten • Kochzeit: 40–45 Minuten (Mikrowelle auf hoher Leistung) • Für 1 Person

Zutaten

15 g Butter

85 g brauner Reis

1 kleine Zwiebel, in dünne Streifen geschnitten

225 ml heiße Gemüsebrühe

15 g Walnüsse, grob gehackt

55 g TK-Blattspinat, aufgetaut und gehackt, oder frischer Blattspinat, gewaschen und gehackt

15 g Parmesankäse, gerieben

frisch gemahlenes Meersalz und schwarzer Pfeffer, nach Geschmack

Tomatenviertel, zum Garnieren

Zubereitung

1

Butter in eine mikrowellengeeignete Schüssel geben und 1 Minute in der Mikrowelle bei hoher Leistung zerlassen.

2

Reis und Zwiebel zugeben. Durchrühren und 2 Minuten bei hoher Leistung garen.

3

Heiße Brühe zugießen, teilweise abdecken und 30–35 Minuten bei hoher Leistung kochen, bis der Reis gerade gar ist.

4

Walnüsse und Spinat einrühren und weitere 5 Minuten bei hoher Leistung garen.

5

Unmittelbar vor dem Servieren Käse einrühren und abschmecken. Mit Tomatenvierteln garniert servieren.

Serviervorschlag

Reichen Sie dazu einen gemischten Salat und Knoblauchbrot.

Abwandlungen

Nehmen Sie Winterkohl statt des Spinats. Verwenden Sie Haselnüsse oder Mandeln an Stelle der Walnüsse.

Gedünstete Trauben

Nehmen Sie Muskatellertrauben mit ihrem einzigartigen Geschmack für dieses einfache hinreißende Dessert.

Vorbereitungszeit: 5 Minuten • Kochzeit: 3 Minuten • Für 1 Person

Zutaten

140 g große kernlose Weintrauben, gewaschen

15 g Butter

Saft von 1/2 Zitrone

1–2 TL Zucker

ein Spritzer Obstlikör

Zubereitung

1
Trauben mit Butter, Zitronensaft und Zucker in einen Topf geben.

2
3 Minuten unter ständigem Rühren sanft köcheln lassen.

3
Obstlikör zugießen und einrühren.

4
Heiß oder kalt servieren.

Serviervorschlag

Reichen Sie die Trauben mit Zitronensorbet, Joghurteis oder Fruchteis. Garnieren Sie sie mit Blättern aus grünem Marzipan.

Abwandlungen

Verwenden Sie rote Trauben statt der grünen. Nehmen Sie Brombeeren oder Erdbeeren an Stelle der Trauben. Ersetzen Sie den Zitronensaft durch Limettensaft.

Carob-Birne

Bei diesem Rezept wird eine saftig reife Birne zunächst mit Ahornsirup aromatisiert und dann mit Carob-Schokolade überzogen und mit Kokosraspeln bestreut.

Vorbereitungszeit: 10 Minuten + Abkühl- und Kühlzeit • Kochzeit: 5 Minuten • Für 1 Person

Zutaten

1 reife Tafelbirne	*15 g Carob-Schokolade*
1 TL Ahornsirup	*10 g Kokosraspeln*

Zubereitung

1
Die Birne dünn schälen, Stiel intakt lassen.

2
Eine dünne Scheibe vom Boden der Birne abschneiden, so dass sie aufrecht stehen bleibt, dann in eine Schüssel geben.

3
Ahornsirup mit ein wenig kochendem Wasser vermischen und über die Birne gießen, so dass sie vollständig überzogen wird. Zum Abkühlen auf die Seite stellen.

4
Die abgekühlte Birne aus dem Sirup nehmen und sorgfältig trocknen. Auf einen kleinen Dessertteller setzen.

5
Carob-Schokolade zerkrümeln und in einer feuerfeste Schüssel geben.

6
Schüssel über einen Topf mit köchelndem Wasser stellen und Schokolade unter gelegentlichem Rühren schmelzen.

7
Schokolade über die Birne gießen, etwas erstarren lassen, dann mit Kokosraspeln bestreuen.

8
Vor dem Servieren 2–3 Stunden kalt stellen.

Serviervorschlag

Reichen Sie dazu Schlagsahne oder griechischen Joghurt.

Abwandlungen

Verwenden Sie einen Pfirsich oder eine Nektarine statt der Birne. Nehmen Sie Vollmilchschokolade an Stelle der Carob-Schokolade. Ersetzen Sie den Ahornsirup durch Honig.

Carrotella

Karotten haben eine natürliche Süße, die sie sowohl für herzhaftes, als auch für Desserts geeignet macht. Carotella ist ein süß-würziges Dessert, das man am besten gut gekühlt serviert.

Vorbereitungszeit: 10 Minuten + Kühlzeit • Kochzeit: 20 Minuten • Für 1 Person

Zutaten

300 ml Milch

115 g Karotten, geschält und fein gerieben

50 ml Kondensmilch

25 g raffinierter Zucker

15 g Sultaninen

Samen von 2 kleinen Kardamomkapseln, zerstoßen

ein Spritzer Vanillearoma

10 g gehackte geschälte Mandeln

10 g gehackte Pistazien

Zubereitung

1

Milch in einem Topf aufkochen, dann bei schwacher Hitze auf 200 ml einkochen lassen.

2

Karotten zugeben. Abdecken und 15 Minuten bei mittlerer Hitze unter gelegentlichem Rühren kochen, bis die Karotten beginnen weich zu werden.

3

Kondensmilch, Zucker und Sultaninen einrühren, abdecken und weitere 5 Minuten sanft köcheln lassen.

4

Topf vom Herd nehmen und Kardamom und Vanillearoma einrühren.

5

Carotella aufschlagen, um die Karotten zu zerkleinern, dann in einen tiefen Teller füllen und leicht abkühlen lassen.

6

Vor dem Servieren mit Mandeln und Pistazien bestreuen und gut kühlen.

Serviervorschlag

Servieren Sie die Carotella mit einem Löffel gekühltem Frischkäse oder Crème fraîche.

Abwandlungen

Verwenden Sie Rosenwasser an Stelle des Vanillearomas. Nehmen Sie fein gehackte Haselnüsse statt der Pistazien. Ersetzen Sie die Sultaninen durch Rosinen oder gehackte getrocknete Aprikosen.

Obstsalat mit Sekt

Ein schneller frischer Obstsalat, der durch den Sekt zu einem köstlichen Dessert wird.

Vorbereitungszeit: 15 Minuten • Für 1 Person

Zutaten

115 g Erdbeeren	*Zucker, nach Geschmack*
1 reifer Pfirsich	*1 Glas lieblicher Sekt*
115 g grüne Weintrauben	*1 frischer Minzezweig, zum Dekorieren*

Zubereitung

1
Stiele der Erdbeeren entfernen und größere Früchte halbieren. In eine Schüssel geben.

2
Pfirsich in kochendem Wasser blanchieren, schälen und entsteinen. In Stücke schneiden, dann in die Schüssel geben.

3
Trauben halbieren und entkernen. Nach Wunsch schälen. In die Schüssel geben.

4
Obst mit etwas Zucker bestreuen und mit Sekt bedecken. Vorsichtig durchheben, dann 1 Stunde ziehen lassen.

5
Mit einem Minzezweig dekoriert servieren.

Serviervorschlag

Servieren Sie den Obstsalat mit einem Schlag Mascarpone und Amarettinikeksen.

Abwandlungen

Nehmen Sie Himbeeren oder Brombeeren statt der Erdbeeren. Verwenden Sie ungesüßten Apfel- oder Orangensaft an Stelle des Sekts.

Kirsch-Beeren-Medley

Eine appetitanregende Obstmischung – perfekt für einen lauen Sommerabend.

Vorbereitungszeit: 10 Minuten + Abkühl- und Kühlzeit • Kochzeit: 5 Minuten • Für 1 Person

Zutaten

25 g brauner Zucker	*115 g Erdbeeren*
1/4 TL Gewürzmischung (Zimt, Muskat, Koriander etc.)	*55 g Himbeeren*
55 g rote Johannisbeeren	*55 g Kirschen, entkernt*

Zubereitung

1
7 Esslöffel Wasser mit Zucker und der Gewürzmischung in einem Topf verrühren.

2
Aufkochen lassen und 5 Minuten kochen lassen.

3
Johannisbeeren in eine feuerfeste Schüssel geben und mit der kochenden Flüssigkeit übergießen. Zum Abkühlen auf die Seite stellen.

4
Wenn kalt, Erdbeeren, Himbeeren und Kirschen zugeben und durchheben.

5
Vor dem Servieren mindestens 2 Stunden kalt stellen.

Serviervorschlag

Reichen Sie das Medley mit Eiscreme und Eiswaffeln.

Abwandlungen

Ersetzen Sie die Himbeeren durch Blaubeeren. Verwenden Sie gemahlenen Zimt oder Ingwer an Stelle der Gewürzmischung.

Milchreis

Ein gehaltvolles Dessert mit Vanille, Ahornsirup und Zimt.

Vorbereitungszeit: 10 Minuten • Kochzeit: 40–50 Minuten • Für 1 Person

Zutaten

50 g brauner Rundkornreis
100 ml Milch
eine Prise Meersalz
fein geriebene Schale von 1/4 Zitrone
Vanillearoma, nach Geschmack
10 g Butter
1 EL Ahornsirup
2 TL grob gehackte Haselnüsse
1/2 roter Apfel
Zitronensaft
1 TL gemahlener Zimt

Zubereitung

1
Reis waschen und in einem Sieb gründlich abtropfen lassen.

2
6 Esslöffel Wasser und die Milch in einen Topf geben und Reis, Salz und Zitronenschale zugeben.

3
Langsam zum Kochen bringen, Temperatur reduzieren und 40–50 Minuten bei schwacher Hitze unter gelegentlichem Rühren kochen, bis der Reis aufgequollen und gar ist.

4
Vanillearoma und Butter einrühren und Reis in einen tiefen Teller geben.

5
Ahornsirup über den Reis geben und mit Haselnüssen bestreuen.

6
Apfel vierteln und entkernen. Nicht schälen. Mit Zitronensaft beträufeln, damit er sich nicht verfärbt. Auf dem Reis oder darum herum anrichten.

7
Mit Zimt bestreut servieren.

Serviervorschlag

Der Reis kann heiß oder kalt serviert werden. Reichen Sie dazu frisches Obst oder Mus oder auch Mandeln und Sultaninen. Geben Sie einen Löffel Schlagsahne darauf.

Abwandlungen

Nehmen Sie fein geriebene Orangen- oder Limettenschale. Ersetzen Sie das Vanillearoma durch Mandelaroma. Verwenden Sie Honig an Stelle des Ahornsirups. Nehmen Sie Mandeln oder Pistazien statt der Haselnüsse.

Ingwer-Banane mit Cointreau-Creme

Frische Bananen und Stängelingwer werden hier mit einer mit Cointreau aromatisierten Creme und Schokoraspeln zu einem luxuriösen Abschluss für jedes Mahl.

Vorbereitungszeit: 20 Minuten + Ruhezeit • Für 1 Person

Zutaten

1 Banane

1 kleines Stück eingelegter Stängelingwer

1 EL Orangensaft

4 EL Cointreau

4 EL Gelatinepulver

1 kleines Eigelb

1 TL Zucker

2 EL heiße Milch

einige Tropfen Vanillearoma

4 EL Crème double

Schokoladenraspeln, zum Dekorieren

Zubereitung

1

Banane schälen und in Scheiben schneiden. Ingwer in kleine Stücke schneiden.

2

Banane, Ingwer, Orangensaft und 2 Teelöffel Cointreau in einer Schüssel vermischen.

3

20 Minuten zum Durchziehen auf die Seite stellen.

4

Gelatine für die Creme in einer Schüssel mit 1 Teelöffel kaltem Wasser verrühren und 10 Minuten einweichen lassen.

5

Eigelb in einer Schüssel über einem Topf mit kochendem Wasser mit Zucker, heißer Milch und Vanillearoma verschlagen, bis die Mischung andickt.

6

Gelatine zugeben und unter Rühren auflösen.

7

Schüssel in eine größere Schüssel mit Eiswasser stellen. Sobald die Mischung fest wird, den restlichen Cointreau einrühren.

8

Die Sahne steif schlagen, dann unter die Cointreau-Mischung ziehen.

9

Bananen-Ingwer-Mischung in eine Dessertschale füllen und die Creme darüber geben.

10

Mit Schokoraspeln dekorieren und servieren.

Serviervorschlag

Reichen Sie dazu Waffeln oder Löffelbiskuits.

Abwandlungen

Verwenden Sie andere frische Früchte, etwa wie Mango, Ananas oder Erdbeeren. Ersetzen Sie den Cointreau durch einen anderen Obstlikör. Nehmen Sie Apfel- oder Ananassaft statt des Orangensafts.

Register